Hahn
Horoskop
2024

Angeline A. Rubi und Alina A. Rubi

Der chinesische Kalender ist uralt und komplex und wurde nie vereinfacht. Viele Kulturen haben den Mondkalender durch den Sonnenkalender ersetzt.

Der chinesische, islamische und hebräische Kalender richten sich nach den Mondphasen. Es ist ein kompliziertes System, da sie nicht nur von Mondzyklen bestimmt werden, sondern auch den Sonnenzyklus, den Jupiter- und den Saturnzyklus einbeziehen.

Die Chinesen sind der Ansicht, dass die universelle Energie durch ein Gleichgewicht bestimmt wird. Das Konzept von Yin und Yang ist der wichtigste Bestandteil dieses Gleichgewichts. Yin ist das Gegenteil von Yang und umgekehrt, aber zusammen ergeben sie ein völliges Gleichgewicht. Diese Energie findet sich in allem, was existiert, im Greifbaren und im Ungreifbaren.

Das Ying/Yang-Symbol ist in zwei Hälften geteilt, eine ist schwarz (Yin) und die andere weiß (Yang). Beide Teile sind in der Mitte durch eine Ellipse verbunden, die sie zu einer Kurve zusammenfügt. Ihre Farben, schwarz und weiß, bedeuten, dass es eine Dualität gibt, und dass die Existenz des einen unbestreitbar die Existenz des anderen voraussetzt. Im Inneren des Yin befindet sich ein Yang-Kreis, der symbolisiert, dass Dunkelheit immer Licht erfordert. Innerhalb des Yang finden wir einen Yin-Kreis, der anzeigt, dass wir innerhalb des Lichts immer Dunkelheit finden werden.

Die Ellipse, die sie miteinander verbindet, bedeutet, dass alles fließt, sich wandelt und entwickelt. Wenn eine dieser beiden Energien, Yin oder Yang, im Ungleichgewicht ist, ist unser Leben nicht ausgewogen, denn gemeinsam stärken sie sich gegenseitig. Wir sollten nie denken, dass eine Energie der anderen überlegen ist, beide müssen gleichberechtigt zusammenwirken.

Leider gibt es in unserer Gesellschaft die Tendenz, die Yang-Energie zu bevorzugen, weil wir denken, dass ihre Eigenschaften die wichtigsten sind. Dadurch schaffen wir eine Trennung zwischen der spirituellen und der materiellen Ebene, denn indem wir den Wert der Yin-Energie herabsetzen, sind wir weniger nachdenklich und denken, dass Anfälligkeit etwas Negatives ist, weil sie Zerbrechlichkeit impliziert.

Das Gleiche geschieht mit der Dunkelheit, wir meiden sie nicht nur, sondern haben Angst vor ihr. Beide Energien sind wichtig. Wir können nur dann spirituelle Wesen sein, wenn es ein Gleichgewicht zwischen Yin und Yang gibt, denn wir sind nicht nur Licht, sondern auch dunkel. Es ist ein Fehler, das Starke oder die Aktion zu schätzen und zu privilegieren. Wir müssen das Weibliche und die Sensibilität schätzen und wertschätzen, denn nur so können wir das wahre

Gleichgewicht unseres Wesens erreichen, aus einer Position der Liebe und der Festigkeit.

In den Zeichen des chinesischen Tierkreises sind die Yin- und Yang-Energie vorhanden, und sie sind es, die die Eigenschaften jedes Tieres und die mit ihnen verbundenen Elemente bestimmen.

Die Yin-Energie ist mit dem Dunklen, Kalten, Weiblichen, Abstrakten, der Tiefe und dem Mond verbunden. Yin-Zeichen sind nachdenklich, sensibel und neugierig. Sie sind der Ochse, der Hase, die Schlange, die Ziege, der Hahn und das Schwein.

Die Yang-Energie ist mit Licht, Wärme, Oberflächlichkeit, der Sonne und logischem Denken verbunden. Es sind impulsive und materialistische Zeichen. Sie sind: Ratte, Tiger, Drache, Pferd, Affe und Hund.

Die Yin- und Yang-Energien sind mit den Elementen verbunden, die sich wiederum aus den Jahren ableiten, in denen sie auftreten. Jedes Element verfügt über Yin- und Yang-Energie.

- Die Jahre, die mit der Zahl **0** enden, haben das Element Metall und sind mit der Yang-Energie verbunden.

- Die Jahre, die mit der Zahl **1** enden, haben das Element Metall und sind mit der Yin-Energie verbunden.

- Jahre, die auf die Zahl **2** enden, haben das Element Wasser und sind mit der Yang-Energie verbunden.

- Jahre, die auf die Zahl **3**enden, haben das Element Wasser und sind mit der Yin-Energie verbunden.

- Die Jahre, die mit der Zahl **4** enden, haben das Element Holz und sind mit der Yang-Energie verbunden.

- Jahre, die auf die Zahl **5** enden, haben das Element Holz und sind mit der Yin-Energie verbunden.

- Die Jahre, die mit der Zahl **6** enden, haben das Element Feuer und sind mit der Yang-Energie verbunden.

- Jahre, die mit der Zahl **7** enden, haben das Element Feuer und sind mit der Yin-Energie verbunden.

- Die Jahre, die mit der Zahl 8 enden, haben das Element Erde und sind mit der Yang-Energie verbunden.

- Die Jahre, die mit der Zahl **9** enden, haben das Element Erde und sind mit der Yin-Energie verbunden.

Allgemeine Vorhersagen für das Jahr des Drachen

Am 10. Februar 2024 beginnt das sensationelle Jahr des grünen Holzdrachen, und laut chinesischer Astrologie symbolisiert Grün Leben, Veränderung und Wachstum.

Der zugehörige Planet ist Jupiter, ein Planet, der sehr förderlich ist; wir werden die gesäten Früchte im Jahr 2023 ernten.

Das Jahr des Drachen 2024 wird uns Glück, Wohlstand, Wohlbefinden und Fortschritt bringen. Wir werden viele Möglichkeiten für Wachstum und Transformation haben, aber auch Herausforderungen und Komplikationen, die die Notwendigkeit von Vergebung, Einfühlungsvermögen und friedlichen Entscheidungen betonen.

In den Jahren, in denen das Element Holz ist, belohnt das Leben Menschen, die gesellig und professionell sind. Die Erlangung eines Abschlusses oder Reisen sind einige der Möglichkeiten in diesem Jahr.

Wir werden die Gelegenheit haben, unsere Führungsqualitäten zu entwickeln, dies ist ein Jahr des Aufbruchs und der Schaffung von Strukturen, die langfristig Bestand haben.

Dieses Jahr des Drachen ist günstig für Veränderungen und Wachstum, da die Energie des hölzernen Drachens die Fähigkeit besitzt, neue Ideen zu inspirieren und unsere Fantasie zu beflügeln.

Wir werden einige Etappen erleben, die voller Schwierigkeiten sein werden, aber das sind die Momente, in denen wir die Energie des Drachens nutzen müssen, um erfolgreich zu sein und die Herausforderungen zu überwinden.

Vergessen Sie im Laufe des Jahres nicht, dass der Drache den Wandel und die Anpassungsfähigkeit verkörpert, Eigenschaften, die uns helfen werden, zu wachsen und uns zu erneuern.

Das Jahr 2024 wird ein ereignisreiches Jahr mit vielen Entwicklungsmöglichkeiten sein. Wir werden viele politische, wirtschaftliche, Beziehungs- und Umweltkonflikte erleben, die deutlich machen, dass friedliche Lösungen die Antwort auf jedes Problem sind.

Dieses Jahr wird uns anregen, neue Geschäfte zu machen und uns in der unternehmerischen Welt weiterzuentwickeln, denn die Energie des Drachen und seine Eigenschaften, mutig und ehrgeizig zu sein, werden uns inspirieren.

 Wir werden viele Anpassungsfähigkeiten entwickeln, und Geduld und Ausdauer werden es uns ermöglichen, alle Widrigkeiten zu überwinden und zum Erfolg zu gelangen.

Dies ist auch ein günstiges Jahr, um an unserem geistigen Wachstum zu arbeiten; es ist sehr wichtig, dass wir uns auf unsere Ziele konzentrieren.

Zusammenfassend lässt sich sagen, dass es ein Jahr mit positiven Veränderungen und bedeutenden Fortschritten in unserem Leben sein wird, in dem wir die Möglichkeit haben werden, Liebe zu finden, eine Beziehung zu stärken und wirtschaftlichen und geistigen Wohlstand zu haben.

Ursprung des chinesischen Horoskops

Das chinesische Horoskop hat eine mehr als 5000 Jahre alte Tradition und basiert auf dem Mondjahr.

Der Legende nach rief Buddha alle Tiere, doch nur zwölf folgten seiner Aufforderung in folgender Reihenfolge: die Ratte, der Ochse, der Tiger, das Kaninchen, der Drache, die Schlange, das Pferd, die Ziege, der Affe, der Hahn, der Hund und das Schwein.

Jedes Tier erhielt ein Jahr geschenkt und bildet den Zwölfjahreszyklus, der in der chinesischen Astrologie verwendet wird. Daher hat jedes Zeichen den Namen eines Tieres, und jedem Tier entspricht ein Jahr.

Jedem Tier wurde außerdem eines der fünf Elemente zugeordnet, die den planetarischen Energien entsprechen:

- Wasser (Planet Merkur)
- Metall (Planet Venus)
- Feuer (Planet Mars)
- Holz (Planet Jupiter)
- Erde (Planet Saturn)

Das chinesische Horoskop drückt die Analogie der kosmischen Energien mit jedem Individuum aus. Aus diesem Grund wird die Energie jeder Person durch eines der zwölf Tiere repräsentiert, die dieses Tierkreiszeichen-System bilden.

Jedes Tier und die Energie, die Ihnen entspricht, werden durch Ihr Geburtsdatum bestimmt. Diese Energien bestimmen Ihre Verhaltensweisen und wie Sie die Welt wahrnehmen. Für die Chinesen symbolisieren diese Zeichen die bemerkenswertesten Eigenheiten unseres Charakters. Um die Bedeutung der Tiere richtig zu verstehen, müssen wir sie als spirituelle Symbole sehen.

Das chinesische Horoskop basiert nicht auf dem Sonnenzyklus, auf dem das westliche Horoskop basiert. Es basiert auf den Zyklen des Mondes. Jedes Mondjahr hat zwölf neue Monde und alle zwölf Jahre einen dreizehnten, daher fällt ein neues Jahr nie mit dem Datum des Vorjahres zusammen.

Die zwölf Tiere des chinesischen Horoskops beeinflussen das Leben, das Glück und den Willen eines jeden Menschen. Diese Qualitäten zeigen sich nicht offen im täglichen Leben, aber sie sind immer präsent und wirken in Form von verborgenen Kräften.

Die chinesische Zwölfjahresperiode ist mit dem Transit des Planeten Jupiter verbunden, und jedes chinesische Mondjahr entspricht in der westlichen Astrologie fast der Länge des Jupiter-Transits durch ein Tierkreiszeichen.

Jupiter steht in der westlichen Astrologie immer in dem Zeichen, das traditionell dem Tier im chinesischen Horoskop entspricht.

Ihr Aszendent nach dem chinesischen Horoskop.

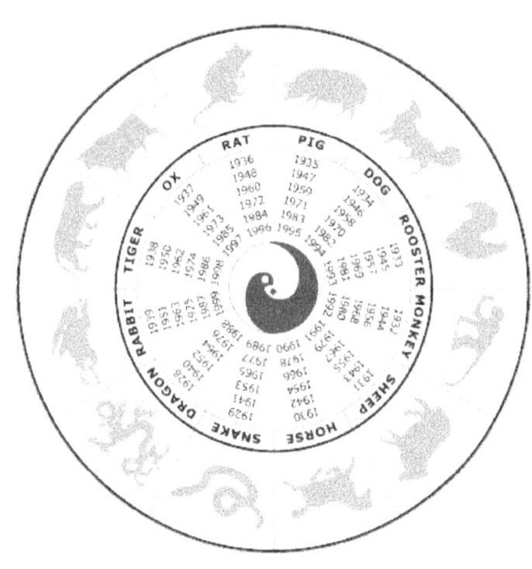

Zusammen mit Ihrem chinesischen Horoskop Zeichen haben Sie auch einen Aszendenten, der durch Ihre Geburtszeit bestimmt wird. Dieses Tier hat einen starken Einfluss auf das Bild, das Sie auf andere projizieren, und auf die Ereignisse in Ihrem Leben. Sie sollten auch das Horoskop für das Tier lesen, das Ihren Aszendenten repräsentiert.

Dieses Zeichen des Aszendenten symbolisiert die Energie, die Sie entwickeln können, und die Eigenschaften, die Sie sich mit Mühe aneignen können. Das ist der Grund, warum wir manchmal andere Eigenschaften haben als die, die mit unserem Zeichen verbunden sind.

Im chinesischen Horoskop ist es sehr einfach, Ihren Aszendenten zu bestimmen, die einzige Angabe, die Sie benötigen, ist Ihre Geburtszeit.

Geburtszeitpunkt Tier-Aszendent

23.00 Uhr bis 12.59 Uhr Rat

1.00 Uhr bis 2.59 Uhr   Ochse

3.00 Uhr bis 4.59 Uhr Tiger

5.00 Uhr bis 6.59 Uhr Kaninchen

7.00 Uhr bis 8.59 Uhr Drache

9.00 Uhr bis 10.59 Uhr Schlange

11:00 Uhr bis 12:59 Uhr Pferd

13.00 Uhr bis 14.59 Uhr Ziege

15.00 Uhr bis 16.59 Uhr Affe

17.00 Uhr bis 18.59 Uhr Hahn

19.00 Uhr bis 20.59 Uhr Hund

21.00 Uhr bis 22. 59 p.m. Schwein

Chinesisches Element des Jahres 2024, Holz

Das Element des Jahres 2024 ist Holz. Holz ist ein kreatives Element. Wenn dieses Element aufgrund deines Geburtsjahres auf dich zutrifft, solltest du diese Energien kreativ kanalisieren.

Holz symbolisiert Mitgefühl und Toleranz. Wenn Sie sich diese Energien zunutze machen wollen, ist es wichtig, sich das ganze Jahr über mit natürlichen Pflanzen, Blumen und grünen Gegenständen zu umgeben.

Holz ist ein Element, das mit der Fähigkeit zu projizieren und Entscheidungen zu treffen verbunden ist; daher wird das Jahr 2024 ein Jahr der Entwicklung, der Evolution und des Aufblühens sein.

Dieses Element hat mit Verdauung, Atmung, Herz und Stoffwechsel zu tun und sorgt in der traditionellen chinesischen Medizin für einen kontinuierlichen Energiefluss. In Bezug auf die Gefühle bedeutet dies, dass wir unsere Emotionen richtig ausdrücken.

Holz wird uns im Jahr 2024 helfen, Bewusstsein und Verständnis für die objektive Realität zu gewinnen. Es wird uns Festigkeit und Einfühlungsvermögen in unseren Beziehungen bringen.

Holz, das mit unserer Persönlichkeit zusammenhängt, wird uns die richtige Dosis an Enthusiasmus, Entschlossenheit und Dynamik bringen, damit wir in der Lage sind, zu handeln und alle Herausforderungen dieses Jahres zu meistern.

Holz ist das Element, das wir in diesem Jahr brauchen, um die notwendigen Entscheidungen treffen zu können, für Veränderungen, die wesentlich sind.

Dank dieses Elements werden wir über die richtigen Strategien und die Fähigkeit verfügen, alle Prozesse zu organisieren und zu kontrollieren, aber wir werden auch flexibel bleiben.

Obwohl dies das Element des Jahres 2024 ist, müssen Sie, wenn Sie ein Unternehmen haben und wollen, dass es floriert und wirtschaftlichen Reichtum hat, die anderen Elemente berücksichtigen.

Im Geschäftsleben ist **das Element Wasser** das wichtigste Element, denn es steht für Überfluss, Reichtum, Macht und die Fähigkeit, sein Geld zu verwalten, anzuhäufen und zu sparen.

Wasser darf nicht stagnieren. Es sollte nicht in einer Vase stehen, wenn das Wasser nicht jeden Tag gewechselt wird, denn wenn es stagniert, wird der Gewinn geschmälert und die Kunden vergrault.

Wasser muss fließen, damit Geld fließen kann. Wenn Sie ein Schwimmbad haben, muss es gereinigt werden, und wenn Sie einen Springbrunnen haben, muss er den Kreislauf von

Ein- und Austritt des Wassers erfüllen. In einem Fischbecken muss es sich bewegen und mit Sauerstoff angereichert werden. In den Leitungen muss es fließen, mindestens einmal am Tag muss man es fließen lassen, indem man den Hahn öffnet.

Jedes Unternehmen muss das Element Wasser in Bewegung halten, sonst kann es keine Waren anhäufen oder sich weiterentwickeln.

Selbst wenn es sich nur um ein kleines Aquarium oder einen Behälter handelt, bei dem das Wasser täglich gewechselt wird.

Das Wasser sollte sich am Eingang des Unternehmens oder im nördlichen oder nordwestlichen Bereich des Unternehmens befinden, wo das Geld aufbewahrt wird oder wo die Verwaltung des Unternehmens stattfindet.

Das Element Feuer sollte in einem Unternehmen im Süden des Gebäudes platziert werden.

Sie kann am Eingang, am Ende oder an den Seiten des Gebäudes angebracht sein. Wenn es sich aber um ein Lebensmittelgeschäft handelt, kann es überall sein.

Feuer symbolisiert Beliebtheit und die Art von Überfluss, die sich nicht anhäuft, daher muss Wasser auf der gegenüberliegenden Seite des Feuers verwendet werden, denn Feuer zieht Kunden an, und Wasser hält den wirtschaftlichen Fluss aufrecht.

Das Element **Erde** ist ursprünglich, denn es ist die Basis, aus der sich alles speist.

Zwei verzierte Gefäße mit Trockenblumen oder ein Steinsockel können das Element Erde symbolisieren.

Die Erde muss in der Konstruktion vorhanden sein, aber auch in der Mitte des Raumes, oder im Südosten gelegen, weil es ist, wo es sich am besten zum Ausdruck bringt. Erde gibt

Sicherheit, muss aber von Feuer im Süden und Wasser im Norden begleitet werden.

Die Erde ist stabil, formbar und das Spiegelbild des gesamten Planeten.

Wenn Sie ein Unternehmen gründen wollen, um zu überleben, genügt es, sich um das Element Erde zu kümmern.

Das Element Metall ist sehr dynamisch und aktiv und bietet vielfältige Möglichkeiten im Geschäftsleben. In der Vergangenheit wurde Metall in China als Gold angesehen.

Das Element Metall steht für Stärke und Macht, Kontinuität, Sicherheit und Reichtum,

Seine Position ist der Westen, und vergessen Sie nicht, dass Metall zusammen mit dem Kristall jede Einstiegs- und Ausstiegsposition eines Unternehmens stärkt.

Das Holzelement ist trotz seiner Zerbrechlichkeit die Grundlage der Konstruktion.

Holz sollte im Osten des Geschäfts platziert werden, aber es ist ratsam, es diametral zum Metall zu platzieren.

Metall im Westen, Holz im Osten, Feuer im Süden, Wasser im Norden und Erde in der Mitte, so dass Ihr Unternehmen immer erfolgreich sein wird.

Die Bedeutung der Elemente im chinesischen Horoskop

Element Metall

Menschen, die in den Jahren geboren sind, die im chinesischen Horoskop auf 0 oder 1 enden, werden dem Metallelement zugeordnet. Metall, das Material, aus dem Schilde und Schwerter hergestellt werden, ist das Element, das Festigkeit und Ehrlichkeit, aber auch Strenge symbolisiert.

Metall ist das Element des Herbstes, der Jahreszeit der Ernte und des Überflusses. Es ist dual wie die Funktionen seines Elements, denn in Form eines Schwertes verflüssigt es, und als

Löffel nährt es. Metall kommt aus der Erde, wird von Feuer beherrscht und verklärt Holz.

Die Persönlichkeit dieser Personen, die dem Metallelement angehören, neigt dazu, stark ambivalent zu sein. Sie kommen am besten zurecht, wenn sie allein sind, denn sie sind niemandem Rechenschaft schuldig.

Sie sind entschlossen, gestalten ihr Schicksal selbst, sind stur, professionell und gleichgültig gegenüber jedem Versuch eines Kompromisses. Ihre Freiheit steht an erster Stelle, und es ist sinnlos, sie unter Druck zu setzen, geschweige denn ihnen zu helfen, denn sie hören auf niemanden und akzeptieren keine Einmischungen und Hindernisse. Sie verlassen sich nur auf sich selbst und lassen sich von niemandem beeindrucken, denn sie sind mächtig und fähig, Großes zu vollbringen.

Für sie gibt es keine Schwierigkeiten, die sie aufhalten können, und selbst wenn eine Situation unhaltbar wird, leisten sie bis zum Ende Widerstand. Sie sind ehrgeizig und berechnend, sie lieben Geld, Macht und Erfolg und werden keine Mittel scheuen, um ihre Ziele zu erreichen, auch wenn das bedeutet, dass sie Beziehungen zerstören.

Sie eignen sich für Berufe, in denen sie ihr Element zum Ausdruck bringen können: Juweliere, Finanziers, Versicherungen jeglicher Art, Schlosser, Bergleute, Chirurgen, und für alle Bereiche, in denen sie sich von anderen unterscheiden können. Sie können auch in Berufen erfolgreich sein, die mit Holz oder Papier zu tun haben. Berufe, die mit Wasser zu tun haben, sind vorteilhaft, Berufe, die mit Erde zu tun haben, können zu Konflikten führen, und von Berufen, die mit dem Element Feuer zu tun haben, sollten sie sich fernhalten.

Sie sind nicht an Gefühlen interessiert und lassen sich von den Schwierigkeiten anderer nicht beeindrucken, bis hin zur Manipulation, wenn sie sich einen Vorteil verschaffen können. Die Leidtragenden sind vor allem die Menschen des Holzelements, da **es sie mit Frontalangriffen** manipuliert und unterdrückt. Die Menschen des Wasserelements hingegen erhalten, da sie empfänglich sind, einen wirksamen Anstoß, der ihnen enorm zugutekommt. Die Einzigen, die sie wirklich beugen können, sind Menschen, die dem Feuerelement angehören, denn sie beherrschen ihre Unempfindlichkeit und Strenge mit einer ansteckenden Emotion.

Körperlich erkennt man einen Menschen des Metallelements an seinem traurigen Blick und der blutarmen Gesichtsfarbe. Sie sind zerbrechlich, anfällig für Stress und können durch Temperaturschwankungen und schlechte Ernährung beeinträchtigt werden. Deshalb sollten sie ihren Appetit anregen, wobei würzige Speisen im Vordergrund stehen sollten.

Die günstigste Jahreszeit für sie ist der Herbst, und in dieser Zeit können sie ihre Potenziale am besten entfalten, was aber nicht bedeutet, dass sie es übertreiben oder stur sein sollten. Er sollte weiße Kleidung tragen und Metalle und weißen Quarz als Amulette verwenden.

Metall ist starr und unnachgiebig und hat keine Angst vor Gefahren. Es ist eine unabhängige Art von Person, die, getrieben von Gier, geht mit Ausdauer, konzentriert sich auf den Erfolg, plant im Voraus, und verabscheut die spontane.

Wenn es einmal einen Weg eingeschlagen hat, ändert es ihn nicht mehr. Trotz ihrer äußeren Unempfindlichkeit strahlen Menschen dieses Elements eine Anziehungskraft aus, die von allen wahrgenommen wird, mit denen sie in Verbindung stehen. Um von ihren Fähigkeiten zu profitieren, müssen sie jedoch lernen, weniger dogmatisch zu sein, da dies ihre Beziehungen beeinträchtigt.

Menschen, die im Metallelement geboren sind, müssen sich erziehen, damit sie ihre Gefühle ausdrücken können. Wenn sie dies nicht tun, werden sie das Gefühl haben, dass ihre Energien vermindert sind.

Element Erde

Menschen, die in den Jahren geboren sind, die auf die Zahlen 8 oder 9 enden, gehören dem Erdelement an. Diesem Element entsprechen die Eigenschaften von Standhaftigkeit, Ausdauer und Fruchtbarkeit. Obwohl die Erde in der chinesischen Astrologie keine eigene Jahreszeit hat, ist sie im Kalender mit den letzten zwei oder drei Wochen der anderen Jahreszeiten verbunden.

 Erde ist das Element, das für Stabilität und Greifbarkeit steht, aber bei einem Übermaß verwandelt es die Menschen in vorsichtige, misstrauische und starrköpfige Menschen und schränkt ihre Initiativen und Fantasien ein.

Der Mensch des Erdelements ist geduldig und bescheiden, arbeitet immer mit Beständigkeit, ohne sich einen Augenblick der Freude oder Unordnung zu gönnen. Er wird nie müde und kann ebenso eifrig und materialistisch wie naiv und umsichtig sein. Sein unbestreitbarstes Merkmal ist seine ausgeprägte Entmutigung. Er ist zu ernst, liebt es zu planen und zu lenken, ist entsetzt über Zufälle, und obwohl er intelligent ist und ein außergewöhnliches Gedächtnis hat, stört es ihn, glanzvoll zu erscheinen.

Unermüdlich nachdenklich, ehrgeizig und ängstlich, ist es so ausgesetzt, die Milz aufzuladen, ein Organ, das mit diesem Element verbunden ist und das geschwächt ist, wenn die Person eine scharfe Mentalität hat.

Die Person, die zu diesem Element gehört, zementiert persönliche Beziehungen allmählich, aber für eine lange Zeit erträgt. Es ist sehr hingebungsvoll und Verteidiger in der Liebe, immer bereit, Vertrag und erfüllen ihre Verantwortung, und obwohl es nicht demonstrativ in ihren Gefühlen ist eine Schulter, die immer aufgezählt werden kann, weil es an Ihrer Seite in den Momenten, die Sie brauchen es sein wird.

In ihrer Arbeit sind sie ernsthaft und zurückhaltend, aber auch organisiert und zuverlässig. Sie sind die richtigen Leute, um Geschäfte mit Moral, Sparsamkeit und feuerfester Ehrlichkeit zu führen. Ihr Verstand macht sie zu unschlagbaren Vermittlern in den Problemen, die mit ihren eigenen praktischen und opportunen Ausgängen dazu beitragen. Sie eignen sich für Berufe, die Geschicklichkeit erfordern, aber keine Initiative erfordern, oder für Führungssituationen.

Obwohl sie wegen ihrer Launenhaftigkeit und Nostalgie und ihrer Unfähigkeit, fröhlich zu sein, nicht leicht zu ertragen ist, verbindet sie sich gut mit dem Metallelement, dem sie Stabilität verleiht, und mit dem Wasser, das sie geschickt zu bändigen und zu lenken weiß.

Es hat normalerweise Konflikte mit dem Holzelement, da es zwar schützt, aber manchmal auch erstickt, und mit dem Feuer, das es sowohl antreibt als auch schwächt.

Das Erdelement ist mit dem Planeten Saturn verbunden. Sie müssen sehr vorsichtig sein mit dem Verzehr von Süßigkeiten, etwas, das Sie lieben, da es mit Ihrem Element verbunden ist. Sie sollten immer die natürliche Süßigkeit wählen und die Verwendung von weißem Zucker begrenzen, da dieser das Kalzium in ihrem Knochensystem zerstört. Sein anderer Schwachpunkt ist das Verdauungssystem, das ihn in der Regel stark bestraft, deshalb sollte er eine leichte und leicht verdauliche Ernährung einhalten. Es wird empfohlen, den direkten Kontakt mit Mutter Erde zu suchen und barfuß im Sand oder auf dem Feld zu laufen.

Seine Glücksfarbe ist gelb, und sein Quarz ist Topas und Citrin.

Die Erde steht für Wohlstand, Vernünftigkeit, Materialismus und Sicherheit.

Diese Menschen neigen dazu, introspektiv zu sein, was ihnen eine große Fähigkeit zum Denken verleiht. Die Erde ist das Gefäß des Lebens und diese Siegel der unauslöschlichen Form zu denen unter dem Einfluss dieses Elements geboren, da sie stabile Menschen, in denen Sie delegieren können, sind.

Die Erde nährt sich vom Feuer und erzeugt eine große Energie, die Metall erhitzt und schmilzt, Wasser bändigen und von Holz verzehrt werden kann.

Um sich wohlzufühlen, braucht der Mensch des Erdelements materielle Sicherheit, obwohl er fleißig, formal und organisiert ist. Man kann ihnen vorwerfen, dass sie anmaßend sind, aber aufgrund ihrer Verdienste gehen sie langsam auf ihre Ziele zu und erzielen stabile Ergebnisse.

Element Feuer

Menschen, die in den Jahren geboren sind, die auf 6 oder 7 enden, entsprechen dem Feuerelement. Zu diesem Element gehören Leidenschaft, Mut und Führung. Das Feuerelement ist das Element der Sommersaison, in der alles fruchtbar wird und seine Vollendung findet. Es ist mit dem Planeten Mars verbunden, der wohltuend, aber manchmal impulsiv ist. Es ist übermäßig steril und symbolisiert die Person, die sich auszeichnet, aber auch andere schlecht behandelt. Kämpferisch, eitel und reizbar, geht die Person dieses Elements von Wut zu ungezügelter Freude über.

Seit seiner Kindheit hat er eine Führungspersönlichkeit, Ehrgeiz ist in seinem Leben präsent, er liebt Gefahren, Lachen, Begeisterung und Konflikte. Schwierigkeiten entmutigen ihn nicht, sondern spornen ihn an, weiterzumachen, und in diesen Fällen durchläuft er eine heftige Metamorphose.

Diese Menschen sind zum Gewinnen geboren, aber sie wissen nicht, wie sie es zugeben sollen, weil sie es nicht schaffen, sich selbst zu beobachten und ihre Energien zu nutzen. Sie sind großartig im militärischen Bereich, im Sport und als Chefs, da die anderen vor ihrem Charisma untergehen. Sie verstehen es, die Energien des Holzelements zu nutzen, indem sie ihre Genialität in den Dienst ihrer Sache stellen und in den Menschen des Erdelements den lebenswichtigen Mut zum Vorwärtskommen wecken.
Menschen, die dem Wasserelement angehören, neigen dazu, ihre Leidenschaft auszulöschen, und Menschen, die dem Metallelement angehören, stellen sie mit einer Starrheit auf die Probe, die ihr Energiefeld auslaugt.

Das am leichtesten geschädigte Organ bei diesen Menschen ist das Herz, es besteht die Möglichkeit einer Tachykardie. Darüber hinaus können sie von Korund Darmprobleme leiden. Sie sollten Kleidung in hellen Farben tragen, unter denen Rot überwiegt, und als Amulette Quarze wie Granate und Hämatit verwenden. Sie sollten auch Weihrauch und Kerzen verwenden.

Diese charismatischen, leidenschaftlichen und opportunistischen Menschen kommunizieren gut und sind handlungsorientiert. Ihr Egoismus und ihr Wunsch nach Erfolg sind unberechenbar und sie verlassen sich nur auf ihre eigenen Ansichten. Sie neigen dazu, Details zu vernachlässigen, da sie manchmal stur sind und Ziele anstreben, die intensive Arbeit erfordern.

Menschen, die unter dem Einfluss des Feuerelements geboren sind, sind positiv, geben immer ihr Bestes und engagieren sich in allem, was sie tun, mit Liebe und Willen. Ihre Energien dienen dazu, diejenigen um sie herum zu unterstützen, denen es daran mangelt.

Das Feuer heizt das Haus, es ermöglicht uns die Zubereitung von Speisen. Dieses Element nährt die Erde durch die Asche, es ernährt sich von trockenem Holz, d.h. Holz, seine Hitze beherrscht das Metall, d.h. es macht es flexibel, und es kann nur von Wasser beherrscht werden.

Eine Führungspersönlichkeit hat immer ein Übermaß an Feuerelementen und neigt dazu, schnelle Entscheidungen zu treffen. Er fühlt sich zu unkonventionellen Ideen hingezogen, hat keine Angst vor Gefahren und ist immer in Bewegung. Es ist wichtig, dass er emotionale Intelligenz erlernt, denn Arroganz kann seinen Egoismus verstärken und ihn unkontrollierbar machen, insbesondere wenn er auf Hindernisse stößt. Dieser selbstzerstörerische Stil ist vor allem in der Jugend ausgeprägt.

Der Erfolg begleitet die Menschen des Feuerelements, aber sie müssen sehr vorsichtig sein mit Instabilität und Unruhe, die die häufigsten Unzulänglichkeiten der Feuergeborenen sind. Es ist besser, diese Fehler zu beherrschen, um nicht von ihnen versklavt zu werden. Sie sollten sich einen ruhigen Ort suchen, an dem sie in Frieden leben können, und auch Meditation wird sie ins Gleichgewicht bringen.

Menschen mit dem Feuerelement sind hartnäckig und lukrativ.

Element Holz

Menschen, die in den Jahren geboren sind, die auf die Zahlen 4 oder 5 enden, gehören dem Element Holz an. Holz ist das Element, das Harmonie, Schönheit und Kreativität symbolisiert. Sie haben ein sehr hohes Maß an Selbstvertrauen und einen eisernen Willen, was sie zu den richtigen Menschen macht, um für eine gerechte Sache zu kämpfen.

Holz ist mit dem Planeten Jupiter verbunden, es ist das günstigste der Elemente, Symbol für Beständigkeit und Wissen. Anpassungsfähig biegt es bequem, und hat mehrere Anwendungen,

die kommunikativ, geben und ehrliche Menschen
zu charakterisieren.

Menschen mit dem Holzelement sind kreativ und
vital, aber manchmal sind sie zerstreut und nicht
in der Lage, ihren Weg zu finden und ihre Ziele
zu erreichen. Sie vertrauen anderen bis hin zur
Unschuld, sind gerne mit allen zusammen und
entdecken immer neue Dinge, die sie preisgeben
und sich selbst befriedigen können. Sie fühlen
sich zur Natur und zu Kindern hingezogen und
geben der Familie den Vorrang.
Gelegentlich neigen sie dazu, unrealistische
Erwartungen zu stellen, ihren Körper
herabzusetzen, übermäßig viel zu essen und sich
in Leidenschaft und Sinnlichkeit zu verlieren.
Sie sind es gewohnt, Partner aus dem
Wasserelement zu wählen, von denen sie Mut
und Unterstützung erhalten, und solche aus dem
Feuerelement, die sie mit ihren brillanten Ideen
versorgen.
Es verträgt sich nicht sehr gut mit dem
Metallelement, das es gnadenlos zerstört.

Das Element Holz erkennt man an seiner grünlichen Farbe. Diese Menschen sollten sich um ihre Augen kümmern.

Holz wird verwendet, um Unterkünfte zu bauen, weshalb es uns schützt. Holz deckt sich mit der Kreativität des Wassers, und dank dieser Eigenschaft verstehen und helfen sie anderen.

Diejenigen, die unter dem Holz-Element geboren sind, haben innere Konflikte, um sich Regeln und Traditionen zu unterwerfen, wo strenge Urteile ständig in Kraft sind. Dieses Element nährt das Wasser und ist gleichzeitig Brennstoff für das Feuer. Seine Energie wird von der Erde aufgesaugt und vom Metall unterjocht.

Menschen mit dem Element Holz erringen immer große Erfolge und haben eine begehrte Struktur. Ihre Berufe sind vielseitig. Sie legen großen Wert auf Integrität und streben danach, einen festen Platz im Leben zu finden. Der Glaube an den Erfolg und ihre analytischen Fähigkeiten geben ihnen die Fähigkeit, auch die komplexesten Probleme ohne Zögern anzugehen. Mit einer unglaublichen Überzeugungskraft agieren sie in vielen Bereichen, da sie stets auf Entwicklung und Veränderung abzielen.

Ihr natürlicher Wille hilft ihnen, voranzukommen, und sie finden immer Unterstützung und das nötige Kapital, da andere Menschen auf ihre Fähigkeit zählen, Ideen in Wohlstand zu verwandeln.

Sein Haupthindernis ist es, die Dinge auf die Spitze zu treiben. Wut und verhaltener Zorn wirken sich absolut negativ auf die Energien dieses Elements aus. In der Nähe von Bäumen zu sein und sie zu berühren, gleicht das Holzelement aus.

Bei der Arbeit sind Menschen, die dem Element Holz angehören, ordentlich, intelligent und einfallsreich. In kommerziellen Aktivitäten sind sie mehr fruchtbar, wenn die Arbeit ist Teamarbeit, und ist gut strukturiert.

Kein Arbeitsbereich, der mit ihrem Element zu tun hat, ist ungünstig, aber diejenigen, die mit Feuer zu tun haben, können sie in gewissem

Maße beeinträchtigen, und diejenigen, die mit
Metall zu tun haben, werden sie ruinieren.

Element Wasser

Das unempfindlichste und gefühlloseste Element, das mit dem Winter, der Langlebigkeit und dem Planeten Merkur verwandt ist, ist der Herrscher der Kommunikation und der tiefen Zuneigung.

Ein Mensch mit dem Element Wasser ist sensibel, aber hermetisch. Er ist barmherzig, sentimental und zerbrechlich, hasst Kritik und entscheidet sich deshalb, im Verborgenen zu handeln, um sich zu schützen. Er ist herzlich, wortgewandt und gleichzeitig besonnen und weiß, wie man Rückschläge überwindet, ohne sich aufzuspielen, mit Gerissenheit, Scharfsinn und Ausdauer. Auf diese Weise erreicht er seine Ziele indirekt und im Stillen, wobei er den Eindruck erweckt, rücksichtsvoll und verständnisvoll zu sein.

Energiemangel ist ein Problem für das Wasserelement, wenn es nicht lernt, seine Hilflosigkeit mit der Kraft auszugleichen, die aus der Reflexion und der Kommunikation mit den tiefsten Teilen seines Wesens kommt. Panik ist immer die Leitschnur seines dramatischen Lebens, das oft in der Dunkelheit gelebt wird, aus Angst, sich zu zeigen und zu kämpfen.

Auf beruflicher Ebene ist er durch den Wettbewerb gehemmt, aber er leistet gute Arbeit an klaren und geschützten Orten wie Schulen, Buchhandlungen, Redaktionen oder überall dort, wo die Kommunikation, mündlich oder schriftlich, der primäre Mechanismus ist, und in der Gesellschaft von friedlichen Kollegen, die zu seiner Persönlichkeit passen, wie z.B. jemand vom Holzelement, mit dem der Wunsch nach Weisheit zusammenfällt, oder vom

Metallelement, von dem er Entscheidungen erhält. Umgekehrt passt er sich weder an das Feuerelement an, das er auslöscht und entmutigt, noch an Personen, die dem Erdelement angehören, bei denen er sich eingeschränkt, konditioniert und behindert fühlt.

Die schwarze Farbe, ist die eine, die sie begünstigt, aber sie sollten es mit Mäßigung zu verwenden, weil es dazu neigt, sie zu entmutigen. Das gleiche geschieht mit dunklem Quarz, die Glück anziehen, wie Jet, Onyx und Turmalin. Um den besten Nutzen aus seinen Qualitäten zu ziehen, ohne in die Extreme zu gehen, und um eine Zerstreuung zu vermeiden, sollte die Person des Wasserelements ihre Pläne im Winter beginnen.

In positiven Perioden vermitteln die Liebesbeziehungen dieses Elements Zärtlichkeit, Gleichmut und Vorsicht, Potentiale, die es ihnen ermöglichen, sich mit der nötigen Klugheit zu verhalten, um die Ursachen ihrer Konflikte zu beseitigen, wenn sie auftreten.

Sie haben ein unglaubliches Denkvermögen, obwohl ihre zurückhaltende, tiefe und trübe Persönlichkeit sie zu Melancholie neigen lässt. Sie zeigen auch einen Mangel an Sicherheit und Kühnheit. Kreativität ist eine der Haupteigenschaften, die dieses Element repräsentiert, ebenso wie Anpassung, Sanftmut, Barmherzigkeit und Mitgefühl. Ohne Wasser gäbe es keine Lebewesen auf der Erde, dieses Element ist rein und kristallin, Eigenschaften, die diejenigen haben, die zu diesem Element gehören.

Menschen, die diesem Element angehören, sind leutselig und haben einen wunderbaren Einfluss auf andere. Sie haben eine originelle Intuition, die es ihnen ermöglicht, schnell zu erobern. Ausdauer und Klarheit geben ihnen die Möglichkeit, Ereignisse vorherzusagen.

Sie können die Fähigkeiten anderer wahrnehmen und sie effektiv inspirieren, aber sie sind diskret und lassen andere nicht merken, dass sie sie nutzen.

Der Missbrauch von Natrium oder Alkaloiden und Lebensprototypen, die von den üblichen Strukturen abweichen, sind für Menschen, die im Wasserelement geboren sind, sehr schädlich. Die Einhaltung der Schlafzeiten, die Aufrechterhaltung einer entspannten geistigen und emotionalen Gesundheit und der Kontakt mit Wasser stellen ihre Harmonie wieder her und optimieren ihre Energien.

Diejenigen, die einem Wasserelementzeichen angehören, können Berufe ergreifen, die mit Holz und Feuer zu tun haben, und erfolgreich sein, Berufe ausüben, die mit ihrem eigenen Element zu tun haben, und Berufe, die mit Erde zu tun haben, ablehnen, da Erde das Wasser unterdrückt.

Kompatibilität und Inkompatibilität

Sie sind kompatibel:

Ratte - Drache - Affe.

Sie stehen in Beziehung zueinander durch ihre Persönlichkeiten, die sehr aktiv und freundlich sind. Alle drei sind fleißig, ungeduldig, leidenschaftlich und ruhelos und haben stets hohe Ziele vor Augen. Sie stecken voller Ideen, haben die nötige Ausdauer und den Mut, sie umzusetzen, und kommen immer wieder mit innovativen, unerwarteten, überraschenden und kraftvollen Lösungen daher.

Tiger - Pferd - Hund.

Sie sind durch die Zufriedenheit verbunden, die sie empfinden, wenn sie zusammenarbeiten. Sie sind durch ihre Bescheidenheit, Würde, Ehrlichkeit und ihren hartnäckigen Altruismus verbunden. Einfühlsam, scharfsinnig und kommunikativ, wenn auch ein wenig gewalttätig und streng, kämpfen sie energisch gegen Ungleichheiten, Gewalt und Illegalität. Diese drei Zeichen verkaufen niemals ihr Gewissen.

Ochse - Schlange - Hahn.

Diese drei Zeichen eint ihre Förmlichkeit, ihre Vernunft und die Ernsthaftigkeit, die sie in ihrem Leben erreichen. Sie sind energisch, unternehmungslustig und unermüdlich, unflexibel in ihren Entschlüssen, sie überdenken und planen gerne in Ruhe, bevor sie Verpflichtungen eingehen, die sie später bereuen würden. Was ihnen fehlt, ist Kälte, denn für sie muss die Vernunft über die Gefühle siegen.

Kaninchen - Ziege - Schwein.

Drei emotionale Zeichen, die auch durch ihre Kreativität verbunden sind. Instinktiv, anfällig, sensibel und zurückhaltend, passen sie sich leicht an ihren Lebensraum an, und als gute Profiteure haben sie nichts dagegen, von anderen abhängig zu sein. Ihre täglichen Aussagen beinhalten immer die Worte: Perfektion, Allianz und Konformität.

Hinweis: Gegenüberliegende Zeichen sind gegenüberliegende Feinde:

Ratte -Pferd

 Ochse - Ziege

 Tiger - Affe

Kaninchen - Hahn

 Drache - Hund

Schlange - Schwein.

Hahn

Eigenschaften

Der Hahn ist eitel, aber er hat ein Herz aus Gold. Er gibt mit Würde an und verhält sich auf dem Niveau von jemandem, der Respekt und Achtung verdient. Er ist ein ausdauernder Arbeiter, hält sich an die Regeln und mag es nicht, in Klatsch und Tratsch verwickelt zu werden. Wenn zusätzliche Arbeit anfällt, erledigt er sie ohne Protest, denn er hasst es, Dinge halbfertig zu erledigen. Seine Fähigkeit zur Abstraktion und seine Ruhe machen ihn für intellektuelle Arbeiten sehr geeignet.

Sie geben ihr Geld für Luxusgüter aus, weil sie gerne bequem leben. Wir können sagen, dass sie nicht sehr sparsam sind, aber sie sind auch nicht sparsam. Sagen wir, sie sind kapriziös.

Der Hahn ist ein guter Liebhaber im wahrsten Sinne des Wortes. Er ist gefühlvoll und erwartet das Gleiche im Gegenzug. Er mag es, verführerisch auszusehen und achtet sehr auf sein Äußeres, wenn er seine Partnerin trifft. In seinem Verhaltensmuster hat Untreue keinen Platz, da er danach strebt, seinen Seelenverwandten zu finden, jemanden, mit dem er sein Leben teilen kann.

Hähne lieben es, sich mitzuteilen, denn auf diese Weise können sie zeigen, dass sie informiert und intelligent sind. Zu dieser Fähigkeit gehört auch das Schreiben. Er ist sehr heiter, aufschlussreich und unterhaltsam und liebt es, von seinen Abenteuern zu erzählen.

Der Hahn, der sich von seiner negativen Seite zeigt, ist eigennützig, spöttisch und kriegerisch. Er denkt, dass er immer Recht hat und hat kein Selbstvertrauen. Manchmal lässt er sich gerne schmeicheln und leidet unter Größenwahn.

 El Hahn ist ein großartiger Ökonom der Finanzen anderer Leute. Wenn Sie zufällig wirtschaftliche Probleme haben, weil Sie das Geld nicht im Griff haben, geben Sie El Hahn Ihre Finanzen. Sie werden sehen, dass er Ihnen im Handumdrehen eine genaue Berechnung vorlegen wird.

Wenn Sie einen Hahn spielen wollen, müssen Sie zugeben und begründen, dass er Kontroversen liebt, und das ist für ihn eine einfache mentale Gymnastik. Auch wenn es peinlich ist, müssen Sie verstehen, dass sein Verhalten nichts Besonderes ist, und außerhalb der Kampflinie ausharren, sobald Sie verstehen, dass er ewig ein Arsenal hat, um sich zu verteidigen.

Der Hahn, wenn sie eine Menge Geld haben, werden nur großzügig zu ihrer Familie, oder vielleicht irgendwann wollen sie die Hingabe ihrer Verehrer zu verdienen. Aus diesem Grund sollten Sie daran denken, dass das Einzige, was Sie von einem Hahn kostenlos bekommen können, sein Rat ist.

Trotz all seiner Fehler ist der Hahn im Allgemeinen ehrlich in seinem Wunsch, andere zu unterstützen, und hat bei allem, was er initiiert, gute Absichten.

Mit seinen vielseitigen Fähigkeiten und seiner Begeisterung für die Arbeit wird der Hahn sehr jung beginnen und schon in jungen Jahren Erfolg im Leben haben. Was er wirklich brauchen wird, um zu erhalten, ist Maß in allem, was er beginnt. Es überzeugt ihn nicht, seine Fehler zu akzeptieren, und das führt dazu, dass er jede Person verletzt und sogar seine Feinde verunglimpft. Es ist nicht angebracht, seine Einflüsse herunterzuspielen, denn mit seinem beruflichen Gespür kann er enorme Triumphe erzielen, wenn er sich darauf einlässt.

Der Hahn ist ein ausgezeichnetes Paar mit der Schlange und dem Ochsen. Der Drache wird Freude an den zukünftigen Zielen des Hahns finden. Der Tiger, die Ziege, der Affe und das Schwein werden gute Partner für den Hahn sein.

Zwei Hähne zusammen werden eine legitime Hahnenfehde bekommen. Der Hahn wird immer Konflikte mit der Ratte und dem Hasen haben.

Die Beziehung zwischen dem Hund und dem Hahn schwankt zwischen normal und verwöhnt. Sie können zusammenarbeiten, aber sie sind nicht für ein gemeinsames Familienleben bestimmt.

Hähne

Metall-Hahn

Der Metallhahn hat einen scharfsinnigen und kritischen Verstand. Er besitzt einen beneidenswerten Mut, der ihn befähigt, jeder Krise mit Entschlossenheit und Tapferkeit zu begegnen. Dieser Hahn hat sehr klar im Kopf, was ihm wichtig ist. Er weicht nie von seinen Absichten und Zielen ab.

Der Metallhahn lässt sich gerne schmeicheln, weil er danach strebt, dass seine Qualitäten von anderen gesehen werden. Er ist ein hervorragender Verhandlungspartner und seine Sachlichkeit fasziniert mehr als eine Person.

Unter dem Einfluss von Metall ist dieser Hahn von der Idee begeistert, wichtig und berühmt zu sein, kämpft unermüdlich dafür und sein Stolz erlaubt ihm nicht, dieses Ziel aufzugeben. Um dieses Ziel zu erreichen, wenn nötig, sind sie in der Lage, Dinge aufzugeben, die sie mögen oder die ihnen Freude bereiten, indem sie sich mit geschlossenen Augen hinwerfen und nicht zulassen, dass irgendetwas oder irgendjemand ihrem Aufstieg im Wege steht.

Der Metallhahn verfügt über ausgezeichnete soziale Fähigkeiten und ist nicht daran interessiert, sich gegen Provokationen und Hindernisse zu wehren, die sich ihm in den Weg stellen.

Wasserhahn

Wasserhähne haben immer eine Karte im Ärmel und die Fähigkeit, jeden Konflikt oder jedes Problem, das sich ihnen in den Weg stellt, anzugehen und zu lösen. Sie sind bescheiden und mitfühlend mit jedem, der ihren Weg kreuzt, sie zeigen Liebe, wenn sie die Gelegenheit dazu haben und sind superharte Arbeiter.

Der Wasserhahn ist höflich, elegant und ausdauernd und wird immer bis zum Ende kämpfen, um seine Ziele zu erreichen. Er ist für diese Qualitäten bewundert, plus er fügt ihnen einen einzigartigen und wahren Sinn für Humor.

Dieser Hahn denkt klar und praktisch. Er mag es nicht, andere zu kritisieren oder zu verurteilen. Er kann ein großer Schriftsteller oder ein Prediger sein, der die Macht hat, Massen von Menschen zu führen und sie zum Handeln zu bewegen. Seine Achillesferse ist, dass er manchmal zu einem Roboter wird und aufhört, die Bäume zu sehen, um den Wald zu sehen.

Der Wasserhahn weiß, dass das Leben mit Freude gelebt werden kann, und dafür empfindet er Dankbarkeit. Er demonstriert dies mit einem Augenzwinkern und einem einzigartigen und exklusiven Vertrauen.

Wenn es unvermeidlich ist, fühlen sie sich pessimistisch, aber das hält sich in Grenzen, weil sie glauben, dass alles bald besser werden kann.

Hölzerner Hahn

Holzhähne sind sehr gesellig, humorvoll und lieben ihre Familie über alles. Sie sind sehr vertrauensvoll, was sich manchmal gegen sie richtet, da schlechte Menschen dies ausnutzen.

Dieser Hahn ist ein Glückspilz, wenn es um Geld geht. Er kann ohne einen Pfennig ins Bett gehen und am nächsten Tag erscheint ein Geschäft, mit dem er Tausende von Dollar verdient. Im Allgemeinen ist der Erfolg ihr Verbündeter, auch in schwierigen Zeiten. Sie haben einen freundlichen, aber rastlosen Charakter und sind aktive Menschen, die sich nicht gerne einschränken lassen. Sie interessieren sich für neue Ideen oder Orte, an denen sie eine Menge Wissen erwerben können.

Der Hölzerne Hahn ist sehr gesellig und aufgeschlossen, und weil er nicht so stur ist, ist sein Leben sehr einfach.

Eine der markantesten Eigenschaften dieser Hähne ist ihre Bereitschaft, den Humor in jeder Minute, jeder Stunde und jedem Tag ihres Lebens präsent zu halten. Sie können über ihre Unzulänglichkeiten scherzen, und wenn sie sich niedergeschlagen fühlen, können sie sich in der Regel über das Leben amüsieren und mit dem, was sie gerade besitzen, Spaß haben. Sie werden als naiv bezeichnet, aber in Wirklichkeit haben sie oft ihre eigene Beschreibung von Wellness.

Feuerhahn

Der Feuerhahn legt einen Wert auf Loyalität, der von nichts anderem übertroffen wird. Sie haben Ehre, und was sie versprechen, halten sie auch. Ihre Werte sind nicht verhandelbar, und aus diesem Grund sind sie führend, wo immer sie sind.

Er ist ein Detektiv par excellence, der in der Lage ist, im Handumdrehen Informationen zu sammeln und genaue Schlussfolgerungen zu ziehen. Er kann stur sein und liebt es, alles und jeden unter die Lupe zu nehmen und zu analysieren.

Da sie von Natur aus verhandlungssicher sind, eignen sie sich hervorragend für die

Wahrnehmung Ihrer Interessen, denn sie sind äußerst einfallsreich, wenn es darum geht, finanzielle Fragen in Einklang zu bringen. Ihre Meinungen sind fesselnd, interessant und anregend. Sie neigen dazu, sehr aufrichtig zu sein, und sind ziemlich direkt, wenn sie dir eine Wahrheit sagen müssen.

Sie neigen dazu, die Momente der Metamorphose als sehr wichtige Ressourcen zu betrachten, um eine größere Klarheit in Bezug auf ihre tiefsten Ängste in ihrem Leben zu haben.

Bodenhahn

Erd Hähne sind sehr enthusiastisch und großzügig. Reisen ist ihre Lieblingsbeschäftigung, und ihr Prestige verteidigen sie bis zum Äußersten. Sie analysieren alles, als wären sie Wissenschaftler, legen ihre eigene Datenbank an und handeln dann ohne Fehler. Sie lassen sich dabei nicht ablenken und entfernen alles von ihrem Weg, was nach Ablenkung von ihren Zielen riecht.

Sein Beispiel ist nachahmenswert, und obwohl er ein einfaches Leben führt, ist seine Arbeit bemerkenswert.

Wenn sie mit jemandem zusammen sind, haben sie die Angewohnheit, zwischen den Zeilen der Beziehung zu lesen, sie wollen alles wissen, und sie haben das zwingende Bedürfnis, ihre Umgebung zu kontrollieren oder Techniken dafür zu entwickeln. Sie sind nicht ungeduldig und neigen dazu, ihre ersten Schritte sorgfältig und neugierig zu planen, da sie an ihr Potenzial glauben, andere und die Umstände um sie herum zu lesen.

Sie können zwar etwas hartnäckig sein, aber sie sind entschlossen und werden bis zum bitteren Ende kämpfen, um zu bekommen, was sie wollen, auch wenn das bedeutet, dass sie sich unermüdlich in Auseinandersetzungen verwickeln lassen.

Vorhersagen 2024

Hahn

Sie werden große Veränderungen in Ihrem Leben erleben, es wird ein Jahr sein, in dem Sie sich unter großem Druck fühlen und wichtige Entscheidungen treffen müssen, die Ihrer Zukunft Klarheit und Sicherheit geben. Du wirst Momente der Ungewissheit haben, aber du wirst den Sprung wagen, um dich stabilisiert zu fühlen. In Ihrem Leben kann alles passieren, vom Umzug über die Trennung von Ihrem Partner bis hin zu beruflichen Veränderungen.

Die Liebe wird gut laufen, wenn Sie einen Partner haben, denn Ihr Partner wird Ihnen helfen, sich zu stabilisieren und Sie zu beruhigen.

Es wird ein krampfhaftes Jahr sein, aber stabil in der Liebe. Der Rat ist, liebevoll und kommunikativ zu sein, aber im Falle von Meinungsverschiedenheiten sollten Sie sie sofort neutralisieren. Wenn Sie alleinstehend sind, wird es schwierig für Sie sein, einen Partner zu finden. Sie könnten sich in die falsche Person verlieben, und das wäre ein zusätzliches Problem in Ihrem Leben.

Ihr soziales Leben wird aktiv sein, aber Sie werden versuchen, weniger Exzesse zu begehen, Sie werden Ihre Freunde besser auswählen, und der Austausch von Ideen und Treffen wird die großen Partys ersetzen. Ein angenehmes Abendessen wird lohnender sein als eine Diskothek.

Sie werden viel zu tun haben, und das wird Sie nervös machen. Wenn Sie Ihr Arbeitsleben überdenken müssen, sollten Sie das so bald wie möglich tun. Vielleicht werden Sie Ihren Beruf wechseln, weil Sie bereit sind, Ihr Arbeitsleben zu verändern, wenn Sie dadurch Ihren

Seelenfrieden wiedererlangen. Es wäre eine gute Idee für Sie, einen Kurs zu besuchen, um Ihre Chancen in Ihrem Beruf zu verbessern.

In diesem Jahr 202a werden Sie versuchen, um jeden Preis Geld zu verdienen, und vielleicht wird es dafür notwendig sein, den Arbeitsplatz zu wechseln, zwei Jobs zu haben oder Ihr eigenes Unternehmen zu gründen. Sie werden bereit sein, alles zu tun, um Ihr wirtschaftliches Niveau zu halten. Sie werden sich anstrengen müssen, aber Sie werden nicht zögern, etwas zu unternehmen.

Sie werden höhere Ansprüche an sich selbst stellen, aber das macht Ihnen nichts aus, denn Sie werden dies tun, um mehr Geld zu haben und das Leben zu leben, das Sie sich wünschen, mit Kaufkraft und der Möglichkeit zu reisen. Diese Veränderungen werden Sie zu einem sparsameren und analytischeren Menschen machen. Sie werden Ihre Ausgaben reduzieren und Geld für Urlaube haben.

Ihr Gesundheitszustand ist wechselhaft, und selbst wenn Sie keine Krankheit haben, sollten Sie auf sich achten, um nicht in depressive Zustände zu verfallen.

Sie sollten trainieren und Entspannungstechniken anwenden. Es ist wichtig, dass Sie Ihre Nerven im Griff haben und sich selbst in Ruhe und Harmonie halten. Ihre Familie wird Sie unterstützen und versuchen, Sie zu beruhigen. Sie sehen, dass Sie sehr nervös sind, und werden versuchen, Ihnen zu helfen, Lösungen zu finden. Sie sind in der Lage, bescheiden zu leben, aber das werden Sie nicht zulassen. Sie werden immer versuchen, das Beste für Ihre Familie zu geben.

Kombination der Tierkreiszeichen mit dem chinesischen Horoskop

Wenn man östliche und westliche Horoskope kombiniert, ist es erstaunlich, wie sehr sie miteinander verbunden und genau sind.

Chinesische und westliche Horoskope sind die am häufigsten verwendeten Horoskope. Wenn Sie die Möglichkeit haben, sie gründlich zu verstehen, wird es für Sie einfacher sein, sie zu nutzen und einen zentralen Ansatz zu verfolgen.

Beide Horoskope basieren auf der Position der Sterne, aber im chinesischen Horoskop werden 28 Sternbilder verwendet, im westlichen Horoskop 88. Das chinesische Horoskop basiert auf 12 Tieren, die jedes Jahr regieren, während das westliche Horoskop auf 12 Zeichen basiert, die jeden Monat regieren.

Das chinesische Horoskop basiert auf dem Mondkalender und ist das älteste bis heute bekanntes Horoskop. Ihr Sternzeichen stimmt wahrscheinlich mit Ihrem Zeichen im chinesischen Horoskop überein, aber das kommt nicht oft vor. Wenn das der Fall wäre, wären die Vorhersagen genauer.

Zwischen den Zeichen beider Horoskope besteht eine Gleichwertigkeit:

Widder/Drache

Stier/Serpent

Zwillinge/Pferd

Krebs/ Ziege

Löwe / Affe

Jungfrau/Hahn

Waage / Hund

Skorpion / Schwein

Schützc / Rattc,

Steinbock/Ochse

Wassermann/Tiger

Fische / Hase

Kombinationen

Hahn

Widder / Hahn

Diese Menschen sind entschlossen und hartnäckig. Sie davon zu überzeugen, ihre Meinung zu ändern, kann zu einer nahezu unmöglichen Aufgabe werden.

Sie sind selbständig und können ihr Leben geschickt lenken. Manchmal sind sie sehr stur, wenn es darum geht, eine Einigung zu erzielen, wenn sie unterschiedliche Standpunkte haben. Wenn sie sich verlieben, sind sie treu und eifersüchtig und wollen die ganze Aufmerksamkeit bekommen. Ihre Gefühlsausbrüche sind beschleunigt und intensiv.

Wenn andere Menschen in Schwierigkeiten sind, sind sie die ersten, die ihre Hilfe anbieten.

Stier /Hahn

Diese Kombination verleiht den Menschen Mäßigung. Ihr Temperament ist sehr stark, und vielseitig.

Sie zeichnen sich durch ihre Fähigkeit aus, auf jede Situation zu reagieren, in der das Umfeld chaotisch ist. Sie sind praktisch, entschlossen und haben eine große Willenskraft. Sie sind stabil und immer loyal gegenüber einer vertrauenswürdigen Führungsperson. Sie lieben die Ruhe und respektieren die Regeln. Sie vermeiden Schulden und zögern, sich zu verändern. Sie lieben Luxus und gutes Essen.

Zwillinge/Hahn

Diese Menschen sind frei und mögen es, Gefühle offen auszudrücken. Sie haben keine Angst, anders zu sein, mit der Familie ist moderat.

Sie sind sinnlich und treu, gute Eltern und neigen dazu, besitzergreifend zu sein. Sie sind unternehmungslustig und erfolgreich in Berufen, die mit Finanzen zu tun haben. Manchmal nutzen sie ihre Qualitäten aus, um ihre eigenen Ziele zu erreichen, und können zu Unwahrheiten greifen, ohne ihre Anmut zu verlieren, um zu bekommen, was sie wollen. Sie lassen sich leicht entmutigen, wenn sie kein Lob erhalten.

Krebs /Hahn

Ein Mensch mit diesen Zeichen wird gerne gelobt. Seine Intuition ist so entwickelt, dass sie ihm erlaubt, die emotionalen Zustände anderer Menschen zu verstehen. Es ist eine selbstbewusste Person, kommunikativ, und es ist interessant, mit ihm zu sprechen. Sie sind vorsichtig, wenn es notwendig ist, und können sich aufgrund ihrer großen Vorstellungskraft mit anderen identifizieren. Sie sind eitel und versuchen, ihr Leben nach einem fantastischen Ideal zu gestalten. Sie neigen zur Unordnung und lassen sich gerne schmeicheln. Sie haben ein ausgezeichnetes Gedächtnis und sind erfolgreiche Verwaltungsfachleute.

Löwe/Hahn

Diese beiden Zeichen zusammen ergeben eine charmante Person, die jedoch ein unkonventionelles Temperament hat. Sie zögern nie, wenn eine Entscheidung getroffen werden muss, und wenn sie zögern, merkt das niemand.

Sie sind unabhängig und berechnend, Eigenschaften, die ihnen immer helfen, das zu erreichen, was sie sich vorgenommen haben. Sie wissen, wie sie jedes Hindernis ohne Angst überwinden können. Ihr Selbstvertrauen führt sie manchmal zu Sturheit und zeigt ihre schlechte Laune, Macht und Arroganz. Stolz kann sie in bestimmten Momenten beherrschen und sogar naive Haltungen zeigen, die es ihnen nicht erlauben, vernünftig zu denken.

Jungfrau/Hahn

Diese Mischung ergibt intelligente, zuverlässige und ehrliche Menschen. Sie verhalten sich höflich, und sind in der Lage, jedes Thema der Unterhaltung haben. Sie haben eine sehr starke Intuition, und ihre Meinungen sind nie voreingenommen.

 Er ist kontaktfreudig, versteht die Gefühle der anderen und ist wortgewandt. Manchmal sind sie zu redselig, aber sie wissen, wie sie rechtzeitig aufhören können. Sie sind scharfsinnig und wissen daher, wie sie ihre Meinung äußern können. Sie neigen dazu, Kritik zu üben, was andere sehr kränken kann.

Waage /Hahn

Diese Zeichenmischung wird von Menschen beherrscht, die sich nie über Kleinigkeiten aufregen. Sie sind freundliche und ruhige Menschen. Die Verschmelzung von Hahn und Waage schafft eine ausgeglichene Persönlichkeit. Diese Kombination ist perfekt, denn diese

Menschen haben eine große Verführungskraft und sind charmant.

Sie hören nie auf, bis sie das ideale Ergebnis erreicht haben. Sie geben ein positives Bild ab, kommunizieren mit allen Arten von Menschen und passen sich an jede Situation an.

Skorpion/Hahn

Die Person mit diesen Zeichen ist eine Führungspersönlichkeit par excellence. Sie haben die Fähigkeit, die Schwächen der anderen zu erkennen, aber nicht kritisieren sie, weil sie wissen, dass niemand perfekt ist. Diese Person hat manchmal einen komplizierten und schwer zu verstehenden Charakter, weil sie auch manchmal sehr stolz und gierig sind. Sexuelle Beziehungen können ihre Schwäche sein, sie haben im Laufe ihres Lebens viele Partner. Sie sind ehrlich zu ihren Partnern, solange die Liebe andauert.

Schütze/Hahn

Diese beiden Zeichen zusammengenommen ergeben eine Person, die das Leben der Party und die beste Gesellschaft ist. Sie lieben es, im Mittelpunkt der Aufmerksamkeit zu stehen, aber sie sind ruhig und wortgewandt. Sie sind ehrlich, und obwohl sie friedlich sind, mischen sie sich oft in Konflikte ein, handeln aber nie böswillig.

Das ist der Mensch, der Optimismus ausstrahlt, der sich zu entschuldigen weiß, wenn er im Unrecht ist, und der seine Familie über alles liebt.

Steinbock / Hahn

Wenn sich diese beiden Zeichen treffen, ist die Person gesprächig, aber nicht über triviale Dinge. Sie sind maßvoll in ihrem Handeln, weil sie niemandem schaden wollen. Ihre Sturheit erlaubt es ihnen manchmal nicht, ihre Fehler zu erkennen, und sie sind nicht bereit, Kompromisse einzugehen. Ihre Geduld ist unendlich und ihr Wille unzerbrechlich, was es ihnen ermöglicht, entschlossen zu handeln. Unter diesem Schild der

Gelassenheit verbirgt sich ihre Sensibilität. Sie verstehen es, mit Leichtigkeit zu überzeugen, und mit ihrem Charisma ist es sehr schwierig, ihnen keine Aufmerksamkeit zu schenken.

Wassermann/Hahn

Diese Kombination ist typisch für exzentrische und freizügige Menschen. Ihre Persönlichkeit ist unwiderstehlich und ihre Ausstrahlung faszinierend. Sie haben keine Angst, Träumer zu sein, weil sie davon überzeugt sind, dass ihre Ideen die besten sind, sie sind immer an innovativen Projekten beteiligt und ehrgeizig.

Sie sind gute Freunde, rücksichtsvoll, und anderen zu helfen, hat für sie Priorität. Obwohl sie sich selten in die Probleme anderer Menschen einmischen, gehen sie bei Ungerechtigkeiten hinaus, um die Schwächsten zu verteidigen, selbst wenn sie dabei ihr Leben riskieren müssen.

Fische /Hahn

Diese Fusion bringt Menschen hervor, die die Schönheit in allem sehen, sie sind Individuen, die so ehrlich sind, dass sie gegen sich selbst gehen. In ihren Worten steckt Musik, denn sie sind gebildet, sie sind mutig, wenn es darum geht, die Wahrheit zu sagen, obwohl sie sich mit viel Taktgefühl ausdrücken.

Sie sind Kämpfer und wissen, wie sie einen strategischen Plan entwickeln, um ihre Ziele zu erreichen. Sie sind sehr empfänglich für den Schmerz anderer Menschen und verstehen die Gefühle anderer.

Dekorieren Sie Ihr Zuhause nach Feng-Shui

Feng Shu ist eine chinesische Philosophie, die sich mit der Umwelt befasst und auf der Theorie von Yin und Yang und den fünf Elementen basiert. Experten haben gezeigt, dass im alten China regelmäßig Gebiete gewählt wurden, die von Bergen umgeben waren und einen Fluss hatten. Dies lag nicht nur daran, dass diese Gebiete die wichtigsten Kriterien für das Überleben darstellten, sondern auch daran, dass sie den vom Feng-Shui festgelegten Mustern entsprachen. Der Grundgedanke des Feng-Shui besteht darin, ein Gleichgewicht zwischen den Menschen und dem Universum herzustellen. Wenn es gute Energien gibt, gibt es ein Gleichgewicht, da Feng-Shui das Schicksal eines jeden Menschen beeinflusst. Durch das Studium von Feng-Shui kann der Mensch an seiner Kompatibilität mit der Natur, seiner Umgebung und seinem Leben arbeiten, um mehr Wohlstand und Gesundheit im Leben zu erreichen.

Theorie der fünf Elemente

Die Theorie der fünf Elemente ist ein Bestandteil des Feng-Shui. Diese Elemente sind wichtig für die Bestimmung des richtigen Feng-Shui in einem bestimmten Raum. Diese Elemente sind: Feuer, Erde, Metall, Wasser und Holz, und jedes hat eine Besonderheit, die bestimmte Aspekte des Lebens symbolisiert.

Die Fünf Elemente sind der Ausdruck, der im Feng-Shui verwendet wird, um die Struktur der Natur zu erklären, und diese Elemente wirken zusammen und müssen immer ausgeglichen sein.

Feng-Shui für die zwölf Zeichen des chinesischen Horoskops

Das Zeichen der Ratte

Wasser begünstigt Menschen, die unter dem Zeichen der Ratte geboren sind, es hilft ihnen, Wohlstand zu erlangen. Um Fülle zu erhalten, sollten sie ein Goldfischbecken in den nördlichen Teil ihres Büros stellen.

Das Zeichen des Ochsen

Menschen dieses Zeichens werden Wohlstand erreichen, wenn sie das Element Feuer nutzen. Um dies zu erreichen, sollten sie Porzellan- oder Keramikartikel in ihren Geschäften oder Büros und in ihren Häusern aufstellen.

Das Zeichen des Tigers

Das Erdelement ist dasjenige, das Personen, die dem Zeichen des Tigers angehören, verwenden sollten. Sie sollten etwas Relevantes hinzufügen, dass dieses Erdelement symbolisiert. Eine Topfpflanze oder eine natürlich wachsende Blume kann Wohlstand in ihr Leben bringen.

Das Zeichen des Hasen

Um Glück und Fülle anzuziehen, brauchen Menschen mit dem Zeichen Hase ein geheimes Erdelement in ihrem Leben. Sie sollten eine Jade oder einen Citrin-Quarz im nordöstlichen Teil Ihres Hauses oder Büros verstecken.

Drachen-Zeichen

Der Nordwesten ist hervorragend für diejenigen, die im Zeichen des Drachen geboren sind. In diese Richtung sollten sie eine Schale mit klarem Wasser, vermischt mit ein wenig Erde, stellen. Eine andere Möglichkeit ist, eine Lotusblume in eine Schale zu legen.

Das Zeichen der Schlange

Menschen, die dem Zeichen der Schlange angehören, kommen zu Wohlstand, wenn sie Metallgegenstände, insbesondere Gold und Silber, in ihrem Haus oder Büro verwenden.

Das Zeichen des Pferdes

Der Nordwesten ist die empfohlene Position für Menschen mit dem Zeichen des Pferdes, um ein großes Kapital zu erhalten. Sie sollten einen Metallfrosch im Nordwesten ihres Hauses oder Geschäfts platzieren.

Das Zeichen der Ziege

Norden ist die geeignete Himmelsrichtung für Menschen, die im Zeichen der Ziege geboren sind. Sie sollten eine kleine Holzkiste oder einen anderen hölzernen Gegenstand im Norden ihres Büros oder ihrer Wohnung aufstellen.

Wenn sie eine Holzkiste verwenden, sollten sie einen Gegenstand, der mit ihrem Beruf zu tun hat, in die Kiste legen. Ein Schriftsteller kann zum Beispiel einen Bleistift in die Kiste legen.

Affe Zeichen

Damit Wohlstand in das Leben von Menschen kommt, die im Zeichen des Affen geboren sind, sollten sie eine Pflanze in ihrer Größe oder größer in dieser Himmelsrichtung auf der Westseite des Hauses oder des Unternehmens aufstellen.

Hahn Zeichen

Wer dem Sternzeichen Hahn angehört, hat Glück, wenn er einige Samen in ein Glas, eine Flasche oder eine Schale von dunkelroter Farbe legt. Sie sollten kein Metall verwenden.

Hund Zeichen

Menschen, die dem Zeichen des Hundes angehören, sollten in ihrem Leben auf die Elemente Wasser und Erde verzichten. Sie können Baumstämme oder Pflanzenzweige in ihr Büro oder ihre Wohnung stellen, aber sie können sie nicht in Wasser oder Erde stellen.

Das Zeichen des Schweins

Menschen, die im Zeichen des Schweins geboren sind, brauchen das Element Feuer in ihrem

Leben, um Glück zu haben. Sie können ein Keramiktablett oder andere Gegenstände aus Ton in ihrem Haus aufstellen.

Feng-Shui 2024

Im Jahr des Drachen sollten Sie Perlenarmbänder oder Armreifen tragen.

Sie sollten ein Amulett mit einer Drachenfigur oder ein Feng-Shui-Glücks-Windspiel mit Kristallen aufstellen und es im Südosten Ihres Hauses oder im Familienbereich Ihres Schlafzimmers oder Büros platzieren.

Vergessen Sie nicht, Ihre Wohnung mit Grünpflanzen, natürlichen Blumen in verschiedenen Farben, Fotos, Bildern oder Darstellungen zu dekorieren, die Landschaften und Gärten charakterisieren.

Sie sollten auch hölzerne Dekorationen verwenden und keine Fotos von verstorbenen Familienmitgliedern neben den aktuellen Familienfotos aufstellen, da die Schwingung dieser Fotos schmerzhaft ist und Ihnen Energie raubt.

Das chinesische Neujahrsfest hat viele Traditionen, um das Alte zu verabschieden und Platz für das Neue zu schaffen. Eine Tradition, die wir empfehlen, ist, am ersten Tag des chinesischen Mondneujahrs nicht in der heimischen Küche zu kochen, da es Unglück bringt, scharfe Instrumente wie Messer herauszunehmen. Dies kann das Glück für den Rest des Jahres schmälern.

Die ersten 15 Tage des chinesischen Neujahrsfestes werden gefeiert, und obwohl es stimmt, dass uns manchmal die Zeit dazu fehlt, ist es ratsam, im Voraus Vorbereitungen zu treffen.

Wenn Sie es schaffen, im Voraus vorbereitet zu sein, wird dies Ihnen helfen, Wohlstand anzuziehen. In diesem Jahr sollten Sie zwei Tage vor dem chinesischen Neujahrsfest, also am Donnerstag, den 8. Februar 2024, mit einer gründlichen Reinigung Ihres Hauses beginnen. Vergessen Sie nicht, dass es Unglück bringt, am ersten Tag des neuen Jahres zu putzen, weil Sie damit Ihr ganzes Glück aus der Haustür fegen würden.

Am Abend vor dem chinesischen Neujahrsfest, am Freitag, dem 9. Februar 2024, sollten Sie alle Ihre Ziele für das Jahr planen und aufschreiben, falls Sie dies nicht schon am 1. Januar getan haben.

Schreiben Sie nach dem Neumond am Freitag, den 09.02.2024 um 17:58 Uhr EST absolut alle Ihre Wünsche auf. Welche Ziele wollen Sie in Ihrem Berufsleben, in Ihrem Finanzbereich, in Ihrem Liebesleben und in Ihrem Familienleben erreichen? Schreiben Sie eine Liste für jeden Bereich Ihres Lebens, den Sie verbessern möchten.

Wenn du eine Holztruhe kaufen kannst, wäre das ideal, denn darin kannst du deinen Wunschzettel zusammen mit einem Pyrit quarz und einem Citrin aufbewahren, die als Steine bekannt sind, die Wohlstand und Fülle anziehen. In die Truhe sollten Sie drei chinesische Münzen legen, denn sie sind traditionelle Symbole des Überflusses.

Alles, was Sie in diese Truhe legen, wird Ihre Wünsche schützen und die Wohlstandsenergien verstärken. Sie sollten diese Truhe an einem besonderen und sicheren Ort aufbewahren, am besten an einem hoch gelegenen Ort, denn so können Sie positive Energien von einer prominenten Stelle aus anziehen.

Vergiss nicht, neue Kleidung zu tragen, denn sie steht für die neuen Energien, die du in dein Leben ziehen willst. Du solltest einige rote Details tragen.

Besonders am Neujahrstag sollten Sie versuchen, nicht aufgeregt zu sein. Nehmen Sie sich nach Möglichkeit an diesem Tag frei, damit Sie keine Angst vor dem Verkehr haben und sich keine

Sorgen machen müssen. Denken Sie daran, auf dem Markt eine Tüte Orangen zu kaufen, denn das symbolisiert den Eintritt von Wohlstand in Ihr Haus im neuen Jahr.

Tipps für das Jahr 2024

Dies ist ein spektakuläres Jahr für Ihr persönliches Wachstum, deshalb sollten Sie die sich bietenden Gelegenheiten nutzen und nicht nur Ihre Fähigkeiten ausbauen, sondern auch neue erlernen.

Alles, was Sie in diesem Jahr 2024 tun, wird eine Investition in Ihre Zukunft sein. Es wird ein sehr arbeitsreiches Jahr sein, aber die Energien sind ermutigend, denn das Jahr des Drachen wird Ihnen die Gelegenheit geben, die Sie für Ihren Erfolg brauchen. Um davon zu profitieren, müssen Sie sich jedoch über alle Optionen, die

Ihnen zur Verfügung stehen, beraten lassen und alle Möglichkeiten analysieren.

Sie müssen aufmerksam sein und bereit, sich alle Ratschläge und Hilfen anzuhören. Mit Willenskraft und Initiative werden sich neue Türen für Sie öffnen.

In diesem Jahr des Drachen gibt es viel zu lernen, aber wenn Sie die Herausforderung annehmen, können Sie nicht nur in Ihrem Beruf vorankommen und Ihr Einkommen steigern, sondern auch wertvolle Erfahrungen sammeln.

Im Jahr des Drachen werden Sie sich nicht nur an größeren finanziellen Gewinnen erfreuen, sondern mit Ihrer unternehmerischen Natur auch ein Hobby finden, das Ihnen Wohlbefinden bringt.

Allerdings müssen Sie bei Ihren Ausgaben diszipliniert und sorgfältig haushalten, vor allem, wenn Sie an sehr umfangreichen Transaktionen beteiligt sind.

Wenn Sie im Laufe des Jahres Verträge unterzeichnen oder wichtige Vereinbarungen treffen müssen, sollten Sie die Bedingungen und alle Auswirkungen prüfen.

Um Höchstleistungen zu erbringen, sollten Sie einen ausgewogenen Lebensstil pflegen, Sport treiben, Ihren Schlafrhythmus einhalten und sich gesund ernähren. Es wird von Vorteil sein, wenn Sie neue Freunde finden.

Im Jahr des Drachen kann das Leben geheimnisvoll wirken und zufällige Ereignisse anziehen, die Ihnen viele Möglichkeiten eröffnen.

Der Zufall spielt in diesem Jahr eine wichtige Rolle in Ihrem Leben und verändert Ihre wirtschaftliche Situation. Nach dem Mai wird es eine Menge sozialer Aktivitäten geben, und Sie werden eine Menge Spaß haben können.

Es wird ein lohnendes Jahr, in dem es Entscheidungen zu treffen, Anschaffungen zu tätigen und Vergnügungen zu genießen gilt.

Diejenigen, die einen Partner haben, werden feststellen, dass sie gemeinsam mehr Erfolg haben.

Es ist ein Jahr, in dem die Fähigkeit, Gelegenheiten wahrzunehmen, viele Vorteile bringen wird. Das Jahr des Drachen hat großes Potenzial, also bleiben Sie offen für Gelegenheiten und seien Sie auf Veränderungen und Anpassungen vorbereitet.

Das Jahr des Drachen wird die Unternehmer belohnen.

Am selben Abend, vor dem Jahreswechsel, sollten Sie Ihr Haus reinigen, alle Fenster zum Lüften öffnen und weiße und gelbe Blumen in allen Gemeinschaftsbereichen Ihres Hauses aufstellen. Speziell am Eingang sollten Sie Räucherstäbchen aus Zimt, Sandelholz, Eukalyptus oder Lavendel oder ein Räucherstäbchen aus Palo Santo, weißem Salbei oder Vanille aufstellen.

Sie müssen das Haus gut räuchern. Sahumar ist die Erzeugung von Rauch, in der Regel mit Hilfe von Weihrauch, um die Umgebung zu aromatisieren und als Instrument der Reinigung und Entschlackung zu nutzen.

Ihre Besonderheit ist, dass sie einen angenehmen Duft verströmen, dem eine entspannende Wirkung nachgesagt wird. Viele Menschen verwenden Sahumerios mit dem Ziel, die energetischen Schwingungen in ihrem Haus zu verändern.

Wenn Sie eine Räucherung haben, die Sie im ganzen Haus verteilen, denken Sie daran, kreisende Bewegungen nach rechts zu machen. Wenn ihr einen persönlichen Bereich reinigen wollt, solltet ihr mit eurem eigenen Körper beginnen, von den Füßen bis zum Kopf, und dann zum Herzen zurückkehren, wobei ihr immer leichte Kreise macht.

Da dies das Jahr des Hasen ist, ist es ratsam, ein paar Metall- oder Holzhasen im Haus zu haben, und wenn Sie die Möglichkeit haben, auch ein paar Glaskaninchen, da sie das Element des Jahres repräsentieren: Wasser.

Wenn Sie diese Möglichkeit nicht haben, können Sie ihn mit Bildern, Porträts oder Figuren symbolisieren. Betrachten Sie ihn als Glücksbringer, denn schließlich ist das Kaninchen bestrebt, den Wohlstand zu sichern. Er wird viel Reichtum in dein Haus bringen.

Eine weitere Empfehlung für das Jahr 2024 ist, einige Wände in Ihrer Wohnung himmelblau zu streichen.

Diese Farbe ist eine der Wohlstandsfarben für dieses neue Jahr. Seien Sie vorsichtig damit, Ihr

Haus mit Blau vollzustopfen. Sie sollten nie vergessen, dass Ausgewogenheit das Wichtigste ist. Wenn du es mit Blau übertreibst, ziehst du Entmutigung oder Apathie an.

Eine Möglichkeit oder Option ist es, ihn in Form eines Armbands, eines Ohranhängers, eines Pendels, eines Schläfers, eines Rings, eines Schlüsselanhängers oder eines Talismans in der Tasche oder im Portemonnaie zu tragen.

Wenn Sie sowohl das Kaninchen als auch das Wasser haben, wird dies eine Assoziation von Reichtum, Schutz und Glück in Ihrem Leben, Haus oder Büro bilden. Denken Sie immer daran, dass alles von Beständigkeit und Anstrengung begleitet wird. Wenn Sie einige Pflanzen wie Basilikum kaufen können, die eine große Kapazität, um Fülle zu erzeugen, neben seiner Macht zu bewegen und umwandeln schlechte Schwingungen hat, werden Sie es nicht bereuen.

Mit Jasmin wäre eine weitere gute Option, Ihr Haus wird immer duftend und mit guten Schwingungen sein.

Sie sollten frischen Jasmin in Ihrem Haus haben, wann immer Sie die Möglichkeit dazu haben, aber das Wichtigste ist, dass er am ersten Tag des chinesischen Jahres in jeder Ecke Ihres Hauses steht.

Rituale zum Beginn des chinesischen Neujahrs 2024

 Das chinesische Neujahrsfest sollte mit Freude, Musik und einem üppigen Familienessen begrüßt werden. Es ist eine Zeit, in der man feiert und sich auf Glück und Wohlstand für das kommende Jahr konzentriert.

Sie sollten neue Kleidung **tragen**, denn dies symbolisiert einen Neuanfang.

Eine klangvolle Farbe wie Rot, die im Allgemeinen für Harmonie, Glück und Wohlbefinden steht, eignet sich hervorragend für diesen Tag.

Vermeiden Sie es, Weiß oder Schwarz zu tragen, während Sie auf das neue Jahr warten, da dies die Farben sind, die man normalerweise zu Beerdigungen trägt.

Eine Reinigung als Vorbereitung auf das chinesische Neujahrsfest in Form eines Rituals ist sehr nützlich.

Diese Reinigung soll böse Geister abwehren, die sich vielleicht in den Ecken des Hauses verstecken.

In der Regel tauschen die Menschen Möbel aus oder stellen sie um, bessern die Farbe in ihrer Wohnung aus, reparieren Schäden und waschen die Fenster mit viel Wasser.

Energetische Rituale zur Reinigung

Noch am selben Abend, bevor das neue Jahr beginnt, sollten Sie Ihr Haus putzen, alle Fenster zum Lüften öffnen und weiße und rote Blumen in allen Gemeinschaftsräumen Ihres Hauses aufstellen.

Speziell am Eingang sollten Sie Zimt, Sandelholz, Eukalyptus oder Lavendel räuchern oder Lorbeerblätter verbrennen. Lorbeer ist eine Pflanze, die die Fähigkeit hat, zu schützen, zu reinigen und zu heilen. Eine weitere Möglichkeit, positive Energien in Ihr Haus zu holen, ist die Kombination von Zimt und Lorbeerblättern. Verbrennen Sie Lorbeerblätter und bestreuen Sie sie mit Zimtpulver. Wenn diese Mischung angezündet ist, verteilen Sie den Rauch in den Räumen Ihres Hauses.

Sie müssen das Haus gut räuchern. Sahumar ist die Erzeugung von Rauch, in der Regel mit Hilfe von Weihrauch, um die Umgebung zu aromatisieren und als Instrument der Reinigung und Entschlackung zu nutzen.

Ihre Besonderheit ist, dass sie einen angenehmen Duft verströmen, dem eine entspannende Wirkung zugeschrieben wird.

Viele Menschen verwenden Räucherstäbchen, um die energetischen Schwingungen in ihrem Haus zu verändern.

Wenn Sie ein Räucherstäbchen haben, das Sie im Haus verteilen, denken Sie daran, kreisende Bewegungen nach rechts zu machen.

Wenn Sie einen persönlichen Bereich reinigen wollen, sollten Sie mit Ihrem eigenen Körper beginnen, von den Füßen bis zum Kopf, und dann zum Herzen zurückkehren, wobei Sie immer leichte Kreise ziehen.

Da dies das Jahr des Grünen Holzdrachen ist, ist es ratsam, ein Paar Holzdrachen in Ihrem Haus zu haben. Wenn Sie diese Möglichkeit nicht haben, können Sie sie mit Bildern, Porträts oder Figuren symbolisieren.

Eine weitere Empfehlung für das Jahr 2024 ist es, einen Teil der Wände Ihres Hauses grün zu streichen.

Diese Farbe symbolisiert Wohlstand für dieses Jahr. Übersättigen Sie Ihr Haus nicht mit Grün, denken Sie daran, das Gleichgewicht zu halten. Wenn Sie es mit Grün übertreiben, werden Sie Stress in Ihr Leben ziehen.

Eine Möglichkeit oder Option ist es, es mit Ihnen zu tragen, als Armband, Anhänger Ohrringe, Pendel, Schläfer, auf einem Ring, Schlüsselanhänger oder Talisman in der Tasche oder Handtasche, wird dies eine Assoziation von Reichtum, Schutz und viel Glück in Ihrem Leben, zu Hause oder im Büro zu bilden.

Wenn Sie einige Pflanzen wie Lavendel, Raute oder die Geldpflanze kaufen können, die die

Fähigkeit haben, Fülle zu erzeugen, zusätzlich zu ihrer Kraft, schlechte Schwingungen zu vertreiben und umzuwandeln, werden Sie es nicht bereuen.

Da Wasser das Element ist, das das Holz ergänzt, wird ein Wasserbrunnen am Eingang Ihres Hauses Wohlstand anziehen. Vergessen Sie nicht, dass das Wasser nach innen fließen sollte.

 Wenn Sie einen Wasserbrunnen in den Wohlstandsbereich Ihres Hauses stellen, der sich von der Eingangstür aus gesehen auf der linken Seite hinten befindet, werden Sie viele materielle Vorteile haben.

Zusammen mit Grün ist Rot die Glücksfarbe für das Jahr 2024, du solltest sie in deinem Haus verwenden, um die Energien des Glücks zu aktivieren. Sie können Rot auf Ihrer Kleidung tragen, oder mit einem anderen Kleidungsstück wie einem Schal, einer Mütze oder einem Armband, so dass Sie Geld anziehen können.

Das chinesische Neujahrsfest sollte mit Freude, Musik und einem üppigen Familienessen begrüßt werden. Es ist eine Zeit des Feierns, in der man sich auf Glück und Wohlstand für das kommende Jahr konzentriert. **Man sollte** neue Kleidung tragen, denn sie symbolisiert einen Neuanfang.

Eine klangvolle Farbe wie Rot, die im Allgemeinen für Harmonie, Glück und Wohlbefinden steht, eignet sich hervorragend für diesen Tag.

Vermeiden Sie es, Weiß oder Schwarz zu tragen, während Sie auf das neue Jahr warten, da dies die Farben sind, die man normalerweise zu Beerdigungen trägt.

Eine Reinigung als Vorbereitung auf das chinesische Neujahrsfest in Form eines Rituals ist sehr nützlich. Diese Reinigung soll böse Geister abwehren, die sich vielleicht in den Ecken des Hauses verstecken.

Normalerweise tauschen die Menschen Möbel aus oder stellen sie um, bessern die Farbe in ihrer Wohnung aus, reparieren Schäden und waschen die Fenster mit viel Wasser.

Über den Autor

Zusätzlich zu ihrem astrologischen Wissen verfügt Alina Ruby über eine umfangreiche berufliche Ausbildung; sie hat Zertifizierungen in Psychologie, Hypnose, Reiki, bioenergetischer Kristallheilung, Engelsheilung, Traumdeutung und ist spirituelle Lehrerin. Sie verfügt über Kenntnisse in Gemmologie, die sie nutzt, um Steine oder Mineralien zu programmieren und sie in kraftvolle Amulette oder Talismane des Schutzes zu verwandeln.

Ruby hat einen praktischen und ergebnisorientierten Charakter, der es ihr ermöglicht hat, eine besondere und integrative Vision von mehreren Welten zu haben, die Lösungen für spezifische Probleme erleichtert. Alina schreibt die monatlichen Horoskope für die Website der American Assoziation oft Astrologe, die Sie unter www.astrologers.com lesen können. Zurzeit schreibt sie eine wöchentliche Kolumne in der Zeitung El Nuevo Herald über spirituelle

Themen, die jeden Freitag in digitaler Form und montags in gedruckter Form erscheint. Er hat auch ein Programm und ein wöchentliches Horoskop auf dem YouTube-Kanal dieser Zeitung. Ihr Astrologisches Jahrbuch wird jedes Jahr in der Zeitung "Diario las Américas" in der Rubrik Rubí Astrologa veröffentlicht.

Rubi hat mehrere Artikel über Astrologie für die monatliche Publikation "Today's Astrologer" geschrieben und Kurse in Astrologie, Tarot, Handlesen, Kristallheilung und Esoterik gegeben. Er hat ein wöchentliches Video über Astrologie-Themen auf dem YouTube-Kanal des New Herald. Sie hatte ihr eigenes Astrologie Programm, das täglich auf Flamingo T.V. ausgestrahlt wurde, wurde von mehreren Fernseh- und Radiosendungen interviewt und veröffentlicht jedes Jahr ihr "Astrologisches Jahrbuch" mit dem Horoskop nach Sternzeichen und anderen interessanten mystischen Themen.

Sie ist Autorin der Bücher "Reis und Bohnen für die Seele" Teil I, II und III, einer

Zusammenstellung von esoterischen Artikeln, die in englischer und spanischer Sprache veröffentlicht wurden, "Geld für alle Taschen", "Liebe für alle Herzen", "Gesundheit für alle Körper", "Astrologisches Jahrbuch 2021", "Horoskop 2022", "Rituale und Zaubersprüche für den Erfolg im Jahr 2022 - Zaubersprüche und Geheimnisse", "Astrologie-Kurse", "Rituale und Zaubersprüche 2024" und "Chinesisches Horoskop 2024", alle in sieben Sprachen erhältlich.

Sie hat einen YouTube-Kanal mit Themen zu Psychologie, Esoterik und Astrologie, wo man Videos zu Seelenverwandtschaft, Reinkarnation, Körpersprache, Astralreisen, bösem Blick, Zaubersprüchen und vielen anderen Themen sehen kann.

Rubi spricht fließend Englisch und Spanisch und vereint in ihren Lesungen alle ihre Talente und Kenntnisse. Sie wohnt derzeit in Miami, Florida.

Weitere Informationen finden Sie auf der Website www.esoterismomagia.com.

Angeline A. Ruby ist die Tochter von Alina Ruby. Seit ihrer Kindheit interessiert sie sich für alle esoterischen Themen und praktiziert Astrologie und Kabbala seit ihrem vierten Lebensjahr. Sie verfügt über Kenntnisse in Tarot, Reiki und Edelsteinkunde. Sie ist nicht nur die Autorin, sondern auch die Herausgeberin aller von ihr und ihrer Mutter veröffentlichten Bücher.

Für weitere Informationen kontaktieren Sie sie bitte per E-Mail: rubiediciones29@gmail.com